Maria Seeliger

Engel- Orakel

Anleitungsheft zu den 49 Engelsteinchen

Die Autorin Ramaela Maria Seeliger
wurde im Februar 1958 im Ruhrgebiet geboren. Schon als
Kind hellsichtig, legte sie bereits als 17 jährige erfolgreich
Zigeunerkarten und ging später zum Tarot über. Im Okt 2000
Einweihung zur Reiki-Meisterin und kurz danach ging sie in den
Lichtnahrungsprozess. Seit dem arbeitet sie als Energie- und
Sprechkanal, sowie als Malerin. Sie setzt sich seit 2003 für
Straßenkinder im Senegal West-Afrika ein. 2006 errichtete sie ein Haus
in Senegal um die Kinder mit Nahrung zu versorgen.
Infos unter: www.sos-strassenkinder.eu
www.kunstundspirit.de

1. Auflage
Copyrights 2007 by Maria Seeliger
Postfach 900 241
51112 Köln

**Herstellung und Verlag:
Books on Demand GmbH
Norderstedt**

Alle Bilder, sowie das Titelbild
von Ramaela Maria Seeliger
© Ramaela Kunst & Spirit
Alle Rechte dieser Ausgabe- auch auszugsweise durch Funk, Fernsehen,
Nachdruck, Fotomechanischer Wiedergabe, Tonträger jeder Art, sowie
Übersetzung, nur in Absprache mit Maria Seeliger.

ISBN 978-3-00-023179-7

„Die einzige Konstante,
ist die ständige Veränderung"

Inhaltsverzeichnis

Die Erzengel-Steine   10

Die 7 Erzengel   14

Erzengel Michael   16

Erzengel Jophiel   24

Erzengel Chamuel   32

Erzengel Gabriel   39

Erzengel Raphael   46

Erzengel Uriel   53

Erzengel Zadkiel   60

Erzengel Metatron   68

Mutter Maria   69

Das violette Feuer   70

Anrufung   72

Erzengel-Anrufung   73

Engelsteine ziehen   75

Tabelle   80

Der erste Engel-Schutzkreis   81

Der Zweite Engel-Schutzkreis   82

Engel-Ritual   84

Zu guter Letzt!   87

Bestellen   90

Die Erzengel - Steine

Diese Erzengelsteinchen sind eine Inspiration aus der Engelwelt. Es dauerte fast drei Jahre, bis ich wirklich verstanden hatte welche Bedeutung in ihnen liegt. Da ich immer wieder auf Menschen stieß, die mir sagten, sie hätten sich auch schon ein Engelbuch oder Engel-Karten gekauft, aber das wäre alles so schwierig zu verstehen. Lag mir daran, die Arbeit und die Möglichkeiten mit den Steinchen, so einfach wie möglich zu erklären. Ich kann es gut nach vollziehen, das es nicht einfach ist, wenn wir vor diesem ganzen Wust von Fremdwörtern stehen, auch ich hatte zu Anfang Schwierigkeiten damit. Doch es ist ja alles in ständiger Veränderung und warum nicht hier mit Veränderung anfangen? Ein Fremdwörterbuch zur Hand und der erste Schritt in die Transformation sind getan.

Ich erhebe für mich nicht den Anspruch, dass das was ich hier mitteile richtig ist. Es ist meine Wahrnehmung, meine Wahrheit, die für mich richtig ist, für eine andere Seele aber nicht richtig sein muss. Also bitte ich die Benutzer dieser Engelsteinchen, genau in sich hineinzufühlen, ob es stimmig ist, mit ihrem Gefühl, oder nicht. Wenn nicht, dann sollten sie sich auf ihr Gefühl verlassen und sich einen anderen Weg suchen. In Licht und Liebe.

Für mich ist Gott die Urquelle von allem was ist. Es ist die Energie die alles belebt und in allem lebt. Energie ist Schwingung, Schwingung ist für unsere Wissenschaftler messbar, auch wenn sie nicht sichtbar für unser Auge wird. Sie lässt sich messen in Farb- und Tonfrequenz. Unser Universum ist eine Harmonie aus Farben und Tönen. Viele Frequenzen sind für uns Menschen nicht sicht- oder hörbar (z.B. Hundepfeife). Wir Menschen sind so darauf ausgerichtet, nur zu Glauben was wir sehen und anfassen können, dass wir unsere anderen Wahrnehmungsorgane totgeschwiegen haben. Wir leben in einer Welt, in der Schwingung zu unserem Nutzen angewendet wird. Siehe Handys, Radios, Mikrowelle, Fernsehen, Satelliten, Atomkraft usw. All diese Schwingungen sind für uns nicht sichtbar und doch sind sie da und umgeben uns. Viele, viele Menschen nutzen sie zu ihrem Vorteil, Tag täglich, ohne darüber nachzudenken. Nur ganz kurz möchte ich etwas zur Atomkraft sagen. Ist es nicht widersprüchlich, zu behaupten, Steine oder Kristalle hätten keine Wirkung oder Schwingung, wenn wir die Kraft/Schwingung des Urangesteins ausbeuten?

Das Göttliche weiße Licht, hier herunter auf unsere Erde transformiert ist aufgespalten in die Regenbogenfarben. Es enthält das gesamte Farbspektrum. Alle Farben zusammen ergeben das reine weiße Göttliche Licht. Es ist die Einheit von allem was IST. Durch das Fehlen von Licht erscheint eine Farbe, sie symbolisiert das heraus gefallene Sein aus der Einheit. Zu jedem Farbstrahl ist das fehlende Licht, zur Erkenntnis für uns, von einem Erzengel und seinen Helferscharen begleitet. Diese verkörpern die Lernaufgaben, aber auch gleichzeitig die Eigenschaften Gottes, die zu erkennen und zu verinnerlichen sind. Und uns auf unseren Weg zurück in die Einheit unterstützen.

Diese Erzengelsteinchen sind den 7 Haupt-Farbstrahlen zugeordnet. Es gibt aber noch andere Strahlen, auf die ich hier noch nicht eingehen möchte. Die Erzengelsteine geben uns Auskunft darüber was erkannt und erlernt werden sollte, oder auch schon erlernt worden ist, aber noch angenommen werden sollte. Die Erzengelbeschreibungen zeigen immer nur eine Variante ihrer Aufgaben, es gibt jedoch noch viele, viele andere Eigenschaften zu jedem einzelnen Erzengel die hier nicht aufgeführt werden. Experimentieren und spielen sie mit diesen

Steinchen, die Engel werden sie genau an die Punkte führen die für ihre Weiterentwicklung wichtig sind. Der Kreativität sind hier keine Grenzen gesetzt.

Gleichzeitig dienen die Engelsteinchen auch als Schutz - oder Heilstein, so dass man sie zur Unterstützung bei sich tragen kann.

Außerdem ist ein Ritual gegeben. Mit diesem Ritual können wir uns mit den entsprechenden Erzengeln verbinden und um Begleitung, Erkenntnis oder Hilfe bitten.

Tägliche Anrufungen unterstützen das sich Öffnen, für die Hinweise aus der geistigen Welt. Sie vereinfachen den Kontakt und tragen zu Veränderung und Weiterentwicklung bei.

Das Arbeiten mit dem Göttlichen violetten Feuer ist ein kraftvolles Instrument zur Reinigung und Transformation.

Alles in allem haben wir hier ein Werkzeug, das unseren Weg erleichtern hilft.

Die 7 Erzengel

Die Erzengel leben in der allumfassenden Liebe Gottes. Neid, Missgunst, Trauer und Mangel sind ihnen fremd. Sie sind, genau wie wir Menschen-Seelen, geboren aus dem Göttlichen Licht, sie lernen und sammeln Erfahrungen genau wie wir. Wir Menschenseelen sind auf dem Weg der Erkenntnis und erstreben, das Erfühlen, Erkennen und Erleuchten der Göttlichen Eigenschaften. Was in diesem Maße nur hier in der dichten (fehlendes Licht) Materie möglich ist.
Die Aufgabe der Erzengel und ihren Helfer-Engelscharen ist, uns zu begleiten, uns mit Liebe und Fürsorge immer wieder das Göttliche Licht und die Göttlichen Gesetze vor Augen zu führen, dabei unseren freien Willen zu achten und zu wahren.
Aktiv wirken dürfen sie aber erst für uns, wenn wir unseren freien Willen äußern und sie um Begleitung oder Hilfe bitten. Mit Freude werden sie uns Begleiten und ihre Führung ist uns Gewiss.

Ich kann nur jedem ans Herz legen sich von diesen liebevollen Wesen führen zu lassen, sie um Hilfe zu bitten. Die Engel werden alles tun, was ihnen erlaubt ist, um uns unsere Wünsche zu erfüllen. Doch manchmal dürfen sie nicht eingreifen, weil die dann die Erfüllung unserer Lebensaufgabe behindern oder verändern würden. Sie werden uns dann trotzdem mit ihrer Liebe und Fürsorge zur Seite stehen und uns jeder Zeit die Energie senden die wir in diesen Momenten brauchen.

Manchmal sind unsere „Wunschaufträge" auch nicht klar genug. Das heißt wir rufen um Hilfe, wie z.B. wir brauchen ein paar neue Schuhe und im selben Moment denken wir das klappt ja sowieso nicht. Wie sollen die armen Engel hier wirken? Sie müssen unseren freien Willen respektieren!

Erzengel Michael
„Der Wille Gottes"

1. Strahl/SaphirBlau

Wirkende Kraft: *Macht, Schutz, Stärke, Trennung, Gerechtigkeit, Autorität, Konfrontation mit den Göttlichen Gesetzen.*

Symbol: *Flammendes blaues Lichtschwert, blauer Schutzmantel*

Düfte/Pflanzen: *Salbei, Patchouli, Eichenmoos, Schafgarbe, Verbena*

Mineralien: *Lapislazuli, blauer Saphir, Hauyn, Azurit, Aquamarin*

Planet/Tag: *Sonne, Sonntag*

Erzengel Michael taucht immer dort auf, wo Macht ausgeübt wird und Machtmissbrauch eine Rolle spielt. Seine Aufgabe ist es, uns in die Annahme der eigenen Macht zu führen und sie im Göttlichen Sinne zu nutzen. Er sagt uns: Auch wenn wir „nichts" tun, „nichts" entscheiden, ist dies eine Entscheidung und ein Missbrauch unserer eigenen Macht. Er führt uns vor Augen, dass jeder Gedanke, den wir denken, in unser Leben einfließt und wirkt. Das was ich denke, Bin Ich! Zuerst waren der Gedanke, dann das Wort und dann die Manifestation (verdichtete Schwingungsenergie). Er macht uns bewusst, dass jeder Gedanke, den wir denken, eine Schwingung ist, die wir aussenden. Er hilft uns, unsere Gedanken zu kontrollieren, denn die Gedankenkraft ist mächtiger als es uns bewusst ist. Er begleitet uns bei der Erfahrung mit den Göttlichen Gesetzen. Alles was wir Aussenden, kehrt zu uns zurück. Da alles eins ist, öffnen wir uns automatisch, für alles was auf derselben Frequenz schwingt. Wir sind Sender und Empfänger in einem. Das heißt, schwinge ich Angst, Mangel oder Neid aus, ziehe ich (öffne ich mich) diese Eigenschaften in meine Realität und muss sie solange, bewältigen, bis ich erkannt habe, dass ich Selbst diese Misere verursacht habe. Erst dann ist ein lösen davon möglich. In dem ich meine eigene Macht, mein Leben bewusst zu gestalten annehme und meine Gedanken auf Frieden und Fülle ausrichte, wird sich dieses genauso im Außen zeigen. Hierbei ist uns die Hilfe von Erzengel Michael und seinen Helferengelscharen gewiss. Vertrauen wir uns ihnen an, werden sie uns liebevoll und sicher führen.

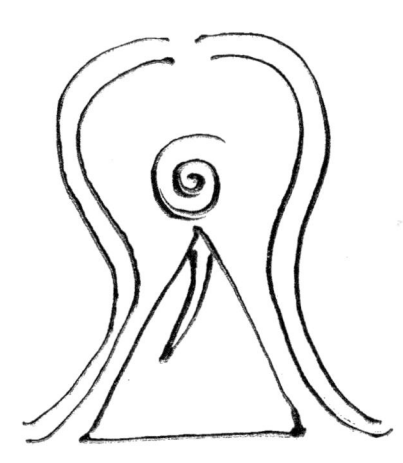

Die Erzengel-Steine:

1/1 *Macht* blau
Erzengel Michael
Ziehst du den Stein von Erzengel Michael, ist für dich die Macht der Gedanken das Thema. Er sagt dir, das jeder Gedanke der gedacht wird, lebendig ist und seines Gleichen sucht. Wir selbst senden Gedanken aus, empfangen aber auch die Gedanken anderer Menschen, die auf derselben Frequenz schwingen. Kontrolliere deine Gedanken und erkenne die Macht in ihnen. Übernehme die Verantwortung für das was du denkst.

1/2 *Schutz* blau/gelb
Erzengel Michael und Erzengel Jophiel
Du wirst bedrängt von vielen Gedanken die nicht zu dir gehören. Suche Dir einen ruhigen Platz und schau dir deine Gedanken genau an. Frage dich, ist dieser Gedanke wirklich von mir? Oder habe ich ihn übernommen? Stelle dich unter den Schutz von Erzengel Michael und bitte Erzengel Jophiel um Erkenntnis.

1/3 *Geduld* blau/rosa
Erzengel Michael und Erzengel Chamuel
Hier bist du aufgefordert, dir selbst Zeit zu geben. Erlaube dir auch Situationen, die dir unbefriedigend erscheinen, in Liebe anzunehmen. Du kannst nicht erwarten, dass du das was du Jahre lang praktiziert hast, von jetzt auf gleich ändern kannst.

1/4 *Visionen* blau/weiß
Erzengel Michael und Erzengel Gabriel
Achte auf deine Träume und Eingebungen, sie enthalten für dich wichtige Informationen für dein Weiterkommen. Höre auf deine innere Stimme. Du weißt genau was zu tun ist, nimm deine Macht an und du gehst im Vertrauen auf Dich und deine Kraft. Erzengel Gabriel wird dir helfen, dir selbst zu vertrauen.

1/5 *Stärke* blau/grün
Erzengel Michael und Erzengel Raphael
Du hast eine große Hürde genommen, harte Lernprogramme haben dich wachsen lassen. Verbinde dich mit diesen beiden Engelwesen und lasse dich von ihnen in deine Kraft führen. Lasse Heilung zu.

1/6 *Glaube* blau/rot
Erzengel Michael und Erzengel Uriel
Glauben heißt: nicht Wissen. Doch glaubst du stark genug, wird sich der Glaube in Erfahrung und die Erfahrung in Wissen wandeln. Vertraue diesen beiden mächtigen Engelwesen und sie werden dich in den festen Glauben an dich selbst führen, um dein Wissen zu festigen.

1/7 *Befreiung* blau/violett
Erzengel Michael und Erzengel Zadkiel
Du hast dich festgefahren in alten Denkmustern, drehst dich im Kreis. Du darfst loslassen, alles was dir nicht mehr dient übergib Erzengel Zadkiel zur Transformation. Diese beiden Engelwesen helfen dir, dich von festgefahrenen Denkmustern zu befreien. Bitte darum.

2 x blau *Bedrängnis*
Erzengel Michael
Du bist in Bedrängnis geraten, weist nicht was du tun sollst, fühlst dich unter Druck gesetzt. Finde deine Mitte. Spüre dich in jede Situation ein und frage dich "Möchte ich das?". Dies ist dein Leben das du in Freude leben darfst. Bitte Erzengel Michael um Hilfe, mache das Ritual.

3 x blau *Abwarten*
Erzengel Michael
Alles kommt zum richtigen Zeitpunkt. Übe dich in Geduld und in dem Wissen das alles richtig ist, so wie es ist. Manchmal verstehen wir erst später warum Situationen so waren. Daher genieße dein Leben.

4 x blau *um Klarheit bitten*
Erzengel Michael
Du hast dich verrannt, all deine Gedanken die du geformt hast, sind um dich herum und du hast den Überblick verloren. Bitte Erzengel Michael um Klarheit. Mache das Ritual

5 x blau *Neuanfang*
Erzengel Michael
Vielleicht bist Du von deinem Weg abgekommen, umgibst dich mit Menschen, Dingen oder Situationen die dir nicht gut tun. Meistens ist aber ein Kapitel in deinem Leben abgeschlossen. Ein Neuanfang ist für dich notwendig. Bitte um Hilfe, mache das Ritual.

6 x blau *Gott vertrauen*
Erzengel Michael
Dein Ego hat die Macht über dich übernommen, du hast sie abgegeben. Nimm deine eigene Macht wieder an, öffne deine Augen wieder für deine Umwelt und Mitmenschen, vor allem für dich selbst. Du bist ein Funke Gottes, aber nicht Gott. Nimm, deine eigene Göttlichkeit an. Mache das Ritual.

7 x blau *sich unter Gottes Schutz stellen*
Erzengel Michael
Du hast dich in die dunklen Bereiche begeben. Wahrscheinlich brauchst du diese Erfahrungen, um das Lichte besser sehen zu können. Schutz und Reinigung ist Notwendig. Mache das Erzengel Michael Ritual, im Wechsel mit dem Erzengel Zadkiel Ritual. Arbeite mit dem violetten Feuer. Und stelle dich unter den Schutz Gottes.

Erzengel Jophiel
„Die Weisheit Gottes"

2. Strahl goldgelb

Wirkende Kraft: *Erleuchtung, Kommunikation, Unterscheidungskraft, Klarheit, Universelle Wahrheit.*

Symbol: *Buch der Weisheit*

Düfte/Pflanzen: *Mimose, Eukalyptus, Bergamotte, Lemmongras, Zypresse, Honig, Melisse*

Mineralien: *Bernstein, Citrin, Goldtopas,*

Planet/Tag: *Jupiter, Montag,*

Hier treten wir ein in das Reich des goldgelben Licht-Strahls. Die Energie von Erzengel Jophiel unterstützt uns beim Sortieren und Erleuchten unserer Gedanken. Er hilft uns erkennen, dass wir unseren Verstand als Werkzeug zur Verfügung haben. Unser Verstand hilft uns beim analysieren und auswerten. Haben wir aber unserem Verstand die Kontrolle übergeben, haben wir den Glauben und die Liebe verloren. Unsere Gefühle sind dann blockiert und werden von uns unterdrückt. Unser Verstand analysiert jede Situation mit den Informationen, die er aus der Vergangenheit (auch Vorleben), zur Verfügung hat, Gefühle und auch die innere Stimme werden hierbei nicht mehr mit einbezogen, da es weder Beweise noch logische Erklärungen für diese Informationen aus diesen Bereichen gibt. Ein weiterkommen ist kaum möglich, da der Verstand jede Situation mit den bereits bekannten Erfahrungen vergleicht und sie dementsprechend einordnet. Wenn eine Analyse, eine negativ Erfahrung, die Angstbesetzt ist, zum Vorschein bringt, wird der Verstand gleich auf Nein schalten und nicht weiter darüber nachdenken. Erkennen wir aber den Verstand als unser Werkzeug, das uns zur Weiterentwicklung gegeben wurde, leistet er für uns gute Dienste, weil er uns schnell und zuverlässig Analysen von bereits erfahrenen Situationen bringt. Wir können uns dann in die Situation einfühlen und auf unsere innere Stimme hören. Erzengel Jophiel erleuchtet unser Innerstes und hilft uns, zu Unterscheiden und unseren Verstand mit unseren Gefühlen und unserer inneren Stimme in Einklang zu bringen.

Die Erzengel-Steine:

2/1 Schutz goldgelb/blau
Erzengel Michael und Erzengel Jophiel
Du wirst bedrängt von vielen Gedanken die nicht zu dir gehören. Suche Dir einen ruhigen Platz und schau dir deine Gedanken genau an. Frage dich, ist dieser Gedanke wirklich von mir? Oder habe ich ihn übernommen? Stelle dich unter den Schutz von Erzengel Michael und bitte Erzengel Jophiel um Erkenntnis.

2/2 *Erleuchtung* goldgelb
Erzengel Jophiel
Du tapst im Dunklen, versuchst etwas zu verstehen, was du noch nicht sehen oder begreifen kannst. Gib dir selbst etwas Zeit, es gibt vieles, was mit dem Verstand nicht erfassbar ist, erfühlt aber nicht in Worte gefasst werden kann. Bitte Erzengel Jophiel um das goldgelbe Licht der Erleuchtung, so dass dein Weg erhellt wird.

2/3 *Weisheit* goldgelb/rosa
Erzengel Jophiel und Erzengel Chamuel
Bewertete Erkenntnis kann uns in die Wut führen, aber Erkenntnis gepaart mit Liebe führt uns in die Weisheit und in das Annehmen. Jedes Sein hat seine Berechtigung und wir alle dürfen unsere Erfahrungen machen. Lasse Bewertungen los, alles ist gut, so wie es ist.

2/4 *Empfänglichkeit* goldgelb/weiß
Erzengel Jophiel und Erzengel Gabriel
Du hast erkannt, dass es mehr zwischen Himmel und Erde gibt, als das was du sehen und anfassen kannst, du bist empfänglich geworden für höhere Schwingungen. Bitte Erzengel Jophiel und Erzengel Gabriel dich zu führen.

2/5 *Wahrnehmung* goldgelb/grün
Erzengel Jophiel und Erzengel Raphael
Deine Wahrnehmung hat sich verändert, also verändert sich auch die Welt um dich herum. Nimm es an, es findet Heilung statt. Es gibt nichts, was dich beunruhigen müsste. Staune über die Schönheit von Mutter Erde.

2/6 *Frieden* goldgelb/rot
Erzengel Jophiel und Erzengel Uriel
Finde den Frieden in dir und suche ihn nicht im Außen. Erzengel Uriel und Erzengel Jophiel helfen dir deinen inneren Frieden zu finden. Bitte sie darum. Der innere Frieden wird sich dann im Außen zeigen.

2/7 *Erkenntnis* goldgelb/violett
Erzengel Jophiel und Erzengel Zadkiel
Wenn du erkannt hast was dich bremst, bist du in der Lage zu verändern. Du bist auf dem richtigen Weg, dir werden die Augen geöffnet. Bitte Erzengel Jophiel um Erkenntnis und Erzengel Zadkiel um Transformation.

2 x goldgelb *Klarheit*
Erzengel Jophiel
Du gehst von einem Extrem ins nächste. Halte ein und schaue dir die Sache erst einmal an, schlafe eine Nacht darüber und entscheide dann. Das was du schon erfahren durftest, musst du nicht noch einmal erfahren, es ist deine freie Entscheidung. Bitte Erzengel Jophiel um Hilfe, mache das Ritual.

3 x goldgelb *Durchblick*
Erzengel Jophiel
Du fängst hundert verschiedene Sachen auf einmal an, wunderst dich dann, dass du nichts fertig stellst. Gehe systematisch vor, mache einen Plan. Führe konsequent eins nach dem anderen zu Ende. Bitte Jophiel um Hilfe, mache das Ritual.

4 x goldgelb *Kontakte*
Erzengel Jophiel
Du hast dich von der Welt zurückgezogen, glaubst dass keiner dich versteht. Es ist Zeit für dich wieder mit anderen Menschen zu kommunizieren, öffne dich für neue Kontakte. Denke an das Gesetz der Schwingung und wisse: das du das anziehst was du ausschwingst. Bitte Jophiel um Begleitung, mache das Ritual

5 x goldgelb *Kreativität*
Erzengel Jophiel
Du unterdrückst deine eigene Kreativität, stellst dein Licht unter den Scheffel, hast Angst vor deinen eigenen Ideen. Lebe deine Kreativität. Bitte Jophiel um Hilfe, er wird dich in dein Selbstvertrauen führen. Mache das Ritual.

6 x *Ausgeglichenheit*
Erzengel Jophiel
Viele Ideen und Konventionen stürmen von außen in dein Denken und lassen dich hin und her pendeln. Halte ein, du weißt wer du bist und was du kannst. Stehe zu dir und deinen Gefühlen. Bitte Erzengel Jophiel um Erkenntnis.
Mache das Ritual.

7 x goldgelb *Erlösung*
Erzengel Jophiel
Du suchst Schuldige, aber immer im Außen. Mache dir Klar, dass es so etwas wie Schuld nicht gibt. Alles dient uns zur Weiterentwicklung und gehört zu unserem Lernprogramm. Bitte Jophiel um Erleuchtung, mache das Ritual.

Erzengel Chamuel
„Göttliche Liebe"

3. Strahl rosa

Wirkende Kraft: *Liebe, Zuversicht, Geborgenheit, Mitgefühl, Mildtätigkeit. Urvertrauen, Hingabe*

Symbol: *Herz + Rose*

Düfte/Pflanzen: *Ingwer, Magnolie, Rosenholz, Christrose, Kirschblüte, Ysop, Ylang Ylang*

Mineralien: *Rubelith, Rosenquarz, rosa Kunzit*

Planet/Tag: *Venus/ Dienstag*

Begeben wir uns in das rosa Lichtreich von Erzengel Chamuel, sind wir geborgen in der Göttlichen Liebe. Erzengel Chamuel erweckt in uns das Annehmen von Liebe und füllt unsere Gedankenwelt, so dass wir nur noch liebevolle Gedanken in unser alltägliches Tun einfließen lassen und dem Göttlichen Gesetz zur Folge, auch nur noch liebevolles Tun zu uns zurückfließt. Erzengel Chamuel begleitet uns bei der Erfahrung, dass Liebe unabhängig von einer Gegenleistung ist. Liebe ist. Er zeigt uns, dass Liebe sich hier auf der irdischen Ebene auch als Härte zeigen kann. Wie bei einer Mutter die ihr Kind liebevoll und konsequent durch Erfahrungen begleitet. Wenn wir bereit dazu sind, hilft er uns beim öffnen unserer Herzenstüren und bringt unsere Liebesenergie, frei von Bewertungen, ins fließen. Liebe geben und annehmen werden in Einklang gebracht, die allumfassende Liebe erwacht. Wir empfinden Liebe für unsere Umwelt, für unsere Mitmenschen, für unsere Tier- und Pflanzenwelt, für unser ganzes Universum und für uns selbst. Geborgen in der Göttlichen, liebenden Fürsorge, können wir aus dieser Position heraus unseren Mitmenschen ein Vorbild sein und ihnen auf ihrem eigenen Weg liebevolle Unterstützung zukommen lassen.

Die Erzengel-Steine:

3/1 *Geduld* rosa/blau
Erzengel Chamuel und Erzengel Michael
Hier bist du aufgefordert, dir selbst Zeit zu geben. Erlaube dir auch Situationen die dir unbefriedigend erscheinen, in Liebe anzunehmen. Du kannst nicht erwarten, dass du das was du Jahre lang praktiziert hast, von jetzt auf gleich ändern kannst. Habe Geduld mit dir und gib nicht nach in deinem bestreben.

3/2 *Weisheit* rosa/goldgelb
Erzengel Chamuel und Erzengel Jophiel
Bewertete Erkenntnis kann uns in die Wut führen, aber Erkenntnis gepaart mit Liebe, führt uns in die Weisheit und das Annehmen. Jedes Sein hat seine Berechtigung und wir alle dürfen unsere Erfahrungen machen. Lasse Bewertungen los, alles ist gut, so wie es ist.

3/3 *Liebe* rosa
Erzengel Chamuel
Erzengel Chamuel öffnet liebevoll dein Herz für das Leben. Lasse es zu und tauche ein in die rosa Schwingung der Liebe. Verbinde dich mit Erzengel Chamuel.

3/4 *Urvertrauen* rosa /weiß
Erzengel Chamuel und Erzengel Gabriel
Lasse dich von diesen beiden Engelwesen zurückführen in dein Urvertrauen. Sie nehmen dich liebevoll an die Hand und führen dich zurück in die vertraute, dir bereits bekannte Geborgenheit Gottes. Bitte Erzengel Chamuel und Erzengel Gabriel um Begleitung.

3/5 *Mitgefühl* rosa/grün
Erzengel Chamuel und Erzengel Gabriel
Mitleid ist nicht Mitgefühl. Mit Leiden oder mit fühlen. Wenn du mit leidest, bist du nicht in der Lage etwas zu geben, wenn du aber mit fühlst, bist du in der Lage dein Gegenüber zu erreichen und kannst ihm wertvolle Hinweise und Erfahrungen weitergeben. Bitte Erzengel Chamuel und Erzengel Raphael dir zu helfen.

3/6 *Hingabe* rosa/rot
Erzengel Chamuel und Erzengel Uriel
Hingeben heißt nicht aufgeben oder sich untergeben. Etwas aus vollem Herzen und mit Liebe Tun, das ist Hingabe. Wenn du dich Halbherzigkeiten hin gibst, hast du nicht deine volle Kraft. Bitte Erzengel Uriel um Kraft.

3/7 *Barmherzigkeit* rosa/violett
Erzengel Chamuel und Erzengel Zadkiel
Erkenne, dass es Menschen gibt, die ihren Weg zu Gott noch nicht gefunden haben. Deswegen sind sie nicht schlecht oder böse, sondern arm an Liebe. Bitte Erzengel Zadkiel um Transformation deiner Wut. Verbinde dich mit Erzengel Chamuel und bitte ihn um Begleitung.

2 x rosa *In sich gehen*
Erzengel Chamuel
Liebe kann wohltuend oder auch verletzend sein. Die Menschen die dich am stärksten verletzen, sind die Menschen die dich am stärksten lieben. Gehe in dich. Meditiere und bitte Chamuel um Begleitung.
Mache das Ritual.

3 x rosa *Selbstliebe*
Erzengel Chamuel
Du kannst nur weitergeben, was du selbst hast, fühlst du keine Liebe für dich selbst, wie willst du dann Liebe an andere weitergeben?
Mache das Ritual.

4 x rosa *Allumfassende Liebe*
Erzengel Chamuel
Du bist bereit die allumfassende Liebe anzunehmen. Dein Herz ist geöffnet und bereit ohne Bewertung Liebe zu geben und anzunehmen.
Erzengel Chamuel begleitet dich. Verbinde dich mit ihm.

5 x rosa *Vergebung*
Erzengel Chamuel
Selbstvorwürfe zehren an dir. Verzeihe dir selbst und es wird dir leichter fallen auch anderen zu verzeihen. Mache da Ritual.

6 x rosa *Sich für Liebe öffnen*
Erzengel Chamuel
Alte Verletzungen haben dazu geführt, dass du dein Herz verschlossen hast. Jetzt ist es an der Zeit dein Herz wieder zu öffnen. Verliere die Angst, lasse den Schmerz zu und lasse ihn gehen, du brauchst ihn nicht mehr. Bitte Chamuel um Begleitung, mache das Ritual.

7 x rosa *Liebe geben und nehmen*
Erzengel Chamuel
Du bist in deinem Ego gefangen, glaubst dass jeder dir Aufmerksamkeit schenken muss. Mache dir bewusst, das du nur bekommen kannst, was du selbst bereit bist zu geben. Bitte Erzengel Chamuel um Hilfe, mache das Ritual.

Erzengel Gabriel
„Die Reinheit Gottes"

4. Strahl kristallweiß

Wirkende Kraft: *Altes Wissen, den Lebensweg finden, Mondkraft, Selbstvertrauen, Harmonie und Hoffnung.*

Symbol: *Weiß Lilie, Wasser*

Düfte/Pflanzen: *Myrrhe, Jasmin, Myrte, Neroliöl*

Mineralien: *Bergkristall, Diamant, Mondstein, Herkimer*

Planet/Tag: *Mond/Mittwoch*

Begegnen wir Erzengel Gabriel, stehen wir vor einem Neuanfang. Erzengel Gabriel hilft männliche und weibliche Energie, in uns, zu erkennen, anzunehmen und in Einklang zu bringen. Er ist der Botschafter Gottes, der uns Informationen und Wissen bringt. Erzengel Gabriel transformiert das göttliche weiße Licht aus dem Herzen Gottes, das alle Farben enthält, hier herunter in die dichte Materie. Es ermöglicht uns mit unseren geistigen Augen zu sehen und zu erkennen. Öffnen wir uns seiner Energie, erweckt er unsere Hellsichtigkeit und Hellfühligkeit und öffnet die Tore zur geistigen Welt. Mit seiner Unterstützung können wir anstehendes Karma bearbeiten und uns daraus befreien. Unsere unbewussten Fähigkeiten werden mit seiner Hilfe in unser Bewusstsein gebracht, altes Wissen wird aktiviert. Er führt uns Schritt für Schritt in unser eigenes Potenzial. Er hilft uns vertrauen in unsere Fähigkeiten zu finden, so dass wir sie zum Wohle aller anwenden lernen. Vertrauen wir uns ihm an, werden lichtvolle Veränderungen in unserem Leben stattfinden.

Die Erzengel-Steine

4/1 *Visionen* weiß/blau
Erzengel Michael und Erzengel Gabriel
Achte auf deine Träume und Eingebungen, sie enthalten für dich wichtige Informationen für dein Weiterkommen. Höre auf deine innere Stimme. Du weißt genau was zu tun ist, Nimm deine Macht an und gehe deinen Weg im Vertrauen auf dich und deine Kraft. Erzengel Gabriel und Erzengel Michael werden dir helfen deine Wahrnehmung anzunehmen.

4/2 *Empfänglichkeit* weiß/goldgelb
Erzengel Jophiel und Erzengel Gabriel
Du hast erkannt, dass es mehr zwischen Himmel und Erde gibt, als das was du sehen und anfassen kannst, du bist empfänglich geworden für höhere Schwingungen. Bitte Erzengel Jophiel und Erzengel Gabriel dich zu führen.

4/3 *Urvertrauen* weiß/rosa
Erzengel Chamuel und Erzengel Gabriel
Lasse dich von diesen beiden Engelwesen zurückführen in dein Urvertrauen. Sie nehmen dich liebevoll an die Hand und führen dich zurück in die vertraute, dir bereits bekannte Geborgenheit Gottes. Bitte Erzengel Chamuel und Erzengel Gabriel um Begleitung.

4/4 *Neubeginn* weiß
Erzengel Gabriel
Du hast erkannt, dass du dich auf deine Intuition verlassen kannst. Fang neu an. Vertraue auf deine innere Stimme. Verbinde dich mit Erzengel Gabriel.

4/5 *Harmonie* weiß/grün
Erzengel Gabriel und Erzengel Raphael
Die weibliche Seite in dir sollte angenommen werden. Bitte Erzengel Gabriel und Erzengel Raphael die männliche und weibliche Seite, in dir, in Einklang zu bringen.

4/6 *Hoffnung* weiß/rot
Erzengel Gabriel und Erzengel Uriel
Erzengel Gabriel öffnet dich für deine Visionen und Erzengel Uriel gibt dir den Antrieb sie umzusetzen. Bitte sie um Hilfe.

4/7 Aufstieg weiß/violett
Erzengel Gabriel und Erzengel Zadkiel
Verlasse dich auf deine innere Stimme und lasse das los, was dir nicht mehr dient. Erzengel Gabriel und Erzengel Zadkiel helfen dir, bitte sie darum.

2 x weiß *Hellsichtigkeit*
Erzengel Gabriel
Deine Hellsichtigkeit öffnet sich, verliere die Angst davor und lasse die mütterliche Geborgenheit die Erzengel Gabriel dir schickt zu.
Meditiere, verbinde dich mit Erzengel Gabriel

3 x weiß *Altes Wissen*
Erzengel Gabriel
Altes Wissen wird in dir aktiviert, achte auf deine Träume, sie zeigen dir das Thema. Bitte Erzengel Gabriel um Begleitung.

4 x weiß *Lebensweg finden*
Erzengel Gabriel
Erzengel Gabriel begleitet dich zu Erzengel Metatron, dem Hüter der Akasha- Chronik. Hier bekommst du Einsicht in deine Lebensaufgabe. Meditiere. Mache das Ritual.

5 x weiß *Selbstvertrauen*
Erzengel Gabriel
Dein Selbstvertrauen ist bis in die Grundfesten ins wanken gekommen. Jetzt ist der Zeitpunkt, zu dir selbst zurück zugehen. Bitte Erzengel Gabriel um Hilfe, mache das Ritual.

6 x weiß *Mit Engeln reden*
Erzengel Gabriel
Die Engelwelt wartet auf dein rufen. Der Kanal ist geöffnet. Vertraue. Erzengel Gabriel und Mutter Maria führen dich. Bitte um Kommunikation. Meditiere.

7 x weiß *Himmel und Erde verbinden*
Erzengel Gabriel
Du hast deine Aufgabe gefunden. Bitte Erzengel Gabriel um Führung. Für dich nimmt deine Lichtarbeit formen an.

Erzengel Raphael
„Gott heilt"

5. Strahl smaragdgrün

Wirkende Kraft: *Heilung von Körper, Geist und Seele, Wahrheit, das dritte Auge öffnen, Wahrheit und Weihung.*

Symbol: *Äskulapstab*

Düfte/Pflanzen: *Narzisse, Teebaum, Latschenkiefer, Ginster, Minze, Geißblatt, Thymian*

Mineralien: *Aventurin, Jade, Malachit, Peridot, grüner Turmalin*

Planet/Tag: *Merkur/ Donnerstag*

Die Energie und Hilfe von Erzengel Raphael und seinen Heilerengeln, fließt zu uns, wenn wir bereit sind Heilung zu empfangen und anzunehmen. Krankheits-Erscheinungen an unserem Körper sind der Ausdruck unserer Seele, wenn sie Disharmonien materialisiert. Die grüne Strahlung ist die Vereinigung von Blau, Macht, und Gelb, Erleuchtung. Nehmen wir unsere eigene Macht (Blau) nicht an, ist in unserem Energiefeld die Harmonie gestört und wirkt sich krank machend auf unseren Körper aus. Setzt Erleuchtung ein, (Gelb), das heißt wir sind bereit auf die Ursachen und nicht auf die Symptome zu schauen, ist der Weg für Erzengel Raphael und seine Heilerengel frei. Die Ursachen für körperliche Krankheiten liegen in unserer Seele und schlagen sich zuerst in unserer Aura nieder, von dort wirken die disharmonischen Schwingungen auf unseren Körper und tauchen hier als Erkrankung auf. Jetzt müssen wir lernen, Bewertungen zu erkennen und loszulassen. Wir dürfen erkennen, wie wichtig es ist, sich selbst anzunehmen und zu lieben, mit allen angeblichen Fehlern und Eigenschaften. Erzengel Raphael wird unser Mitgefühl, was hier nicht mit Selbstmitleid verwechselt werden darf, für uns selbst erwecken und unsere Wahrnehmung für die Wahrheit stärken.

Die Wahrheit ist, dass jede Wesenheit einzigartig und liebenswert ist. So sollten wir unsere Einzigartigkeit annehmen und leben und nicht vergleichen oder bewerten. Wir sind, wie wir sind und das ist gut so. Wir dürfen das Abenteuer unseres eigenen Seins manifestieren und kennen lernen. Dies funktioniert aber nur, wenn wir Heil sind und hierbei stehen uns die Hilfe von Erzengel Raphael und seinen Helferengeln zur freien Verfügung.

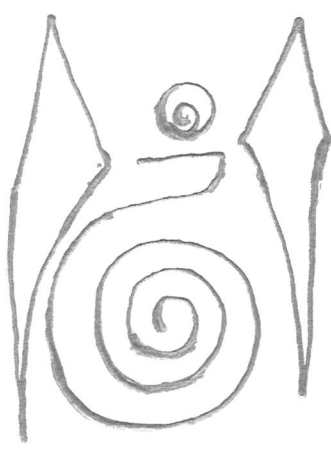

Erzengelsteine:

5/1 *Stärke* blau/grün
Erzengel Michael und Erzengel Raphael
Du hast eine große Hürde genommen, Harte Erfahrungen haben dich wachsen lassen. Verbinde dich mit diesen beiden Engelwesen und lasse dich von ihnen in deine Kraft führen. Lasse Heilung zu.

5/2 *Wahrnehmung* goldgelb/grün
Erzengel Jophiel und Erzengel Raphael
Deine Wahrnehmung hat sich verändert, so verändert sich auch die Welt um dich herum. Nimm es an, es findet Heilung statt. Es gibt nichts, was dich beunruhigen müsste. Staune über die Schönheit von Mutter Erde.

5/3 *Mitgefühl* rosa/grün
Erzengel Chamuel und Erzengel Gabriel
Mitleid ist nicht Mitgefühl. Mit Leiden oder mit fühlen. Wenn du mit leidest, bist du nicht in der Lage etwas zu geben, wenn du aber mit fühlst, bist du in der Lage dein Gegenüber zu erreichen und kannst ihm wertvolle Hinweise und Erfahrungen weitergeben. Bitte Erzengel Chamuel dir zu helfen.

5/4 *Harmonie* weiß/grün
Erzengel Gabriel und Erzengel Raphael
Die weibliche Seite in dir sollte angenommen werden. Bitte Erzengel Gabriel und Erzengel Raphael die männliche und weibliche Seite, in dir, in Einklang zu bringen.

5/5 *Heilung* grün
Erzengel Raphael
Heilung auf allen Ebenen. Nimm die Heilung an und danke Erzengel Raphael dafür.

5/6 *Wahrheit* grün/rot
Erzengel Raphael und Erzengel Uriel
Du stellst dir selbst ein Bein Erzengel Raphael und Erzengel Uriel führen dir vor Augen, dass du der jenige bist, der mit seinen Gedanken die Zukunft formt. Bitte sie um Hilfe.

5/7 *Weihung* grün/violett
Erzengel Raphael und Erzengel Zadkiel
Erzengel Raphael und Erzengel Zadkiel bereiten dich auf die nächste Stufe vor. Lasse Heilung und Loslassen zu. Verbinde dich mit diesen beiden mächtigen Engelwesen und bedanke dich für ihre Hilfe. Arbeite mit der violetten Flamme.

2 x grün *Körperbewusstsein*
Erzengel Raphael
Dein Körper schickt dir Informationen, höre auf ihn. Achte auf deine Ernährung, gehe an die frische Luft, treibe Sport.

3 x grün *Achtung vor dem Körper*
Erzengel Raphael
Dein Körper ist dein jetziges zu Hause. Achte und pflege deinen Körper. Meide Gifte. Nimm die Schönheit deines Körpers in Liebe an. Bitte Erzengel Raphael um Hilfe.
-

4 x grün *Konzentration*
Erzengel Raphael
Es fällt dir schwer dich auf eine Sache zu konzentrieren. Deine Energien sind im Ungleichgewicht. Gehe systematisch vor. Setze dich selbst nicht unter Druck. Bitte Erzengel Raphael um Hilfe. Mache das Ritual.

5 x grün *Heilenergie empfangen*
Erzengel Raphael
Bitte Erzengel Raphael dir Heilenergie zu senden. Gehe in die Ruhe und lasse Heilung zu. Mache das Ritual.

6 x grün *heilende Liebe*
Erzengel Raphael
Liebe ist die größte Macht. Ohne Liebe (auch Selbstliebe) kann keine Heilung stattfinden. Öffne dein Herz für die liebende Heilenergie von Erzengel Raphael. Bitte ihn um Hilfe. Mache das Ritual.

7 x grün *Heilung geben*
Erzengel Raphael
Erzengel Raphael möchte mit dir arbeiten, deine Heilkräfte sind sehr stark und werden gebraucht. Bitte ihn um Führung.

Erzengel Uriel
„Feuer Gottes"

6. Strahl rubinrot

Wirkende Kraft: *Glaube, Hingabe, Frieden, Hoffnung, Wahrheit, Freude, Gnade, Tatkraft, Aufrichtigkeit.*

Symbol: *Jesuskreuz*

Düfte/Pflanzen: *Sandelholz, Iris, Johanniskraut, Anis,*

Mineralien: *Granat, Rubin, Karneol, Hyazinth, roter Jaspis, Koralle*

Planet/Tag: *Mars/Freitag*

Im Hoheitsgebiet von Erzengel Uriel begeben wir uns in das Reich des Glaubens und der Freude. Erzengel Uriel zeigt uns den Weg in den Glauben an uns Selbst, der uns in die Freude führt. Freude am Leben und am Sein. Es ist die göttliche Gnade die er uns bringt. Wir selbst sind unsere härtesten Richter. Wir selbst verurteilen und beurteilen und bewerten unser Tun, quälen uns mit Selbstvorwürfen. Erzengel Uriel sagt uns: Vergebe dir selbst, denn Gott hat dir schon vergeben. Durch unsere Selbstverurteilung, blockieren wir uns den Weg zur Freude, den Weg den wir uns für dieses Leben ausgesucht haben, um Erleuchtung zu erfahren, um uns weiter zu entwickeln, um unsere Göttlichkeit zu verwirklichen. Hier kommt uns Erzengel Uriel zu Hilfe, in dem er uns bewusst macht, dass wir die Erfahrung, die wir schon gemacht haben, nicht zu wiederholen brauchen, wenn wir sie annehmen und die Lehre daraus verinnerlichen. Er schickt uns die Kraft, wieder vertrauen in uns Selbst zu finden und den Glauben an uns selbst zu stärken. Erzengel Uriel erfüllt uns mit Freude, die aus unserem Herzen geboren ist und unabhängig, von unsrem Außen, durch uns fließt und an andere weitergegeben werden kann.

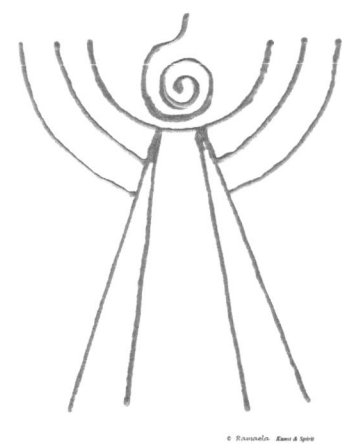

Erzengelsteine:

6/1 *Glaube* rot/blau
Erzengel Michael und Erzengel Uriel
Glauben heißt: nicht Wissen. Doch glaubst du stark genug, wird sich der Glaube in Erfahrung und die Erfahrung in Wissen wandeln. Vertraue diesen beiden mächtigen Engelwesen und sie werden dich in den festen Glauben an dich selbst führen, um dein Wissen zu festigen.

6/2 *Frieden* rot/goldgelb
Erzengel Jophiel und Erzengel Uriel
Finde den Frieden in dir und suche ihn nicht im Außen. Erzengel Uriel und Erzengel Jophiel helfen dir deinen inneren Frieden zu finden. Bitte sie darum. Der innere Frieden wird sich dann im Außen zeigen.

6/3 *Hingabe* rot/rosa
Erzengel Chamuel und Erzengel Uriel
Hingeben heißt nicht aufgeben oder sich untergeben. Etwas aus vollem Herzen und mit Liebe Tun, das ist Hingabe. Wenn du dich Halbherzigkeiten hin gibst, hast du nicht deine volle Kraft. Bitte Erzengel Uriel um Kraft und Erzengel Chamuel um Begleitung.

6/4 *Hoffnung* rot/weiß
Erzengel Gabriel und Erzengel Uriel
Erzengel Gabriel öffnet dich für deine Visionen und Erzengel Uriel gibt dir den Antrieb sie umzusetzen. Bitte sie um Hilfe.

6/5 *Wahrheit* rot/grün
Erzengel Raphael und Erzengel Uriel
Du stellst dir selbst ein Bein Erzengel Raphael und Erzengel Uriel führen dir vor Augen, dass du der Mensch bist, der mit seinen Gedanken die Zukunft formt. Bitte sie um Hilfe.

6/6 *Freude* rubinrot
Erzengel Uriel
Lasse Freude zu. Finde auch in kleinen Dingen Freude. Freue dich an dem Baum der vor deiner Tür steht und an dem Vogel der darin singt. Öffne deine Augen für die Lebensfreude die dich umgibt und du wirst auch für dich die Freude am Sein wieder finden.

6/7 *Gnade* rubinrot/violett
Erzengel Uriel und Erzengel Zadkiel
Verbinde dich mit diesen beiden Engelwesen und du wirst Gnade erfahren. Mit Erzengel Uriel Hilfe, kannst du deine Selbstvorwürfe erkennen, übergib sie Erzengel Zadkiel zur Transformation.

2 x rubinrot *vertrauen*
Erzengel Uriel
Dein Vertrauen ist erschüttert. Fange an erst dir Selbst zu vertrauen, denn wem willst du vertrauen, wenn du dir selbst nicht traust? Bitte Erzengel Uriel um Hilfe, mache das Ritual.

3 x rubinrot *sich unterstellen*
Erzengel Uriel
Bitte Erzengel Uriel um Hilfe, damit er dich führt. Unterstelle dich dem göttlichen Willen, mit Körper, Geist und Seele. Nicht mein Wille geschehe, sondern dein Wille geschehe. So sei es.

4 x rubinrot *Aufrichtigkeit*
Erzengel Uriel
Du bist ein Künstler darin, dir Situationen schön zu reden und merkst dabei nicht, wie du dich selbst hinters Licht führst. Bitte Erzengel Uriel um Hilfe und sei ehrlich zu dir selbst.

5 x rubinrot *Tatkraft annehmen*
Erzengel Uriel
Schau dir an wie viel Kraft du aufwendest um dich schlecht zu fühlen. Stelle dir vor, du würdest diese Kraft dafür einsetzen, um dich gut zu fühlen. Bitte Erzengel Uriel um Unterstützung, mache das Ritual.

6 x rubinrot *Dankbarkeit*
Erzengel Uriel
Alles was dir widerfahren ist, sollte dir zur Erkenntnis dienen, es sollte dir helfen zu wachsen. Erkenne den Reichtum darin, die Kraft die du daraus ziehen darfst.

7 x rubinrot *Geben und Nehmen in Einklang bringen*
Erzengel Uriel
Bei dir ist Geben und Nehmen im Ungleichgewicht. Entweder gibst du mehr als du hast, oder du nimmst mehr als du brauchst. Bitte Uriel um Hilfe, mache das Ritual.

Erzengel Zadkiel
„Wohlwollen Gottes"

7. Strahl violett

Wirkende Kraft: *Befreiung, Erkenntnis, Transformation, Umwandlung, Entfaltung, Freiheit*

Symbol: *Drittes Auge*

Düfte/Pflanzen: *Veilchen, Lavendel, Weihrauch, Ylang Ylang, Wacholder*

Mineralien: *Amethyst, Purpurit, Sugilith, violetter Fluorit, Amentrin*

Planet/Tag: *Saturn/Samstag*

Erzengel Zadkiel begleitet uns, wenn wir eine Lernaufgabe abgeschlossen haben, die wir loslassen, integrieren und transformieren dürfen. Der violette Strahl ist die Vereinigung von Blau, Macht, dem roten Strahl Freude und dem weißen Strahl Neubeginn. Erzengel Zadkiel transformiert Störfelder aus unserer Aura, die zum transformieren bereit stehen. Mit Hilfe von Erzengel Michael werden die Störfelder aus der Aura gelöst und danach mit der Heilstrahlung von Erzengel Raphael aufgefüllt, so das Heilung statt finden kann. Erzengel Zadkiels Aufgabe ist es Reinigungsprozesse einzuleiten und zu vollenden. Nicht nur in unseren Schwingungskörpern, sondern auch in unserer Umgebung. Daher ist es von Vorteil, gleichzeitig mit dem violetten Feuer zu arbeiten, das uns aus der geistigen Welt zur Verfügung gegeben ist. Erzengel Zadkiels wirken befreit uns von allem, was uns nicht mehr in unserem Weiterkommen dient. Man könnte ihn als den Müllrecycler im Universum sehen, denn er bringt alle niederen Schwingungsenergien ins göttliche Feuer, dort werden sie wieder in helles, reines Licht verwandelt. Das was noch nicht zur Transformation bereit ist, wird automatisch an die entsprechenden Farb-/Schwingungsbereiche der

Erzengel weiter zur Aufarbeitung geleitet. Wir sehen auch hier wieder, wenn wir uns den Engeln anvertrauen, werden wir liebevoll geführt und begleitet.

Erzengelsteine:

7/1 *Befreiung* violett/blau
Erzengel Michael und Erzengel Zadkiel
Du hast dich festgefahren in alten Denkmustern, drehst dich im Kreis. Diese beiden Engelwesen helfen dir, dich von festgefahrenen Denkmustern zu befreien. Bitte darum.

7/2 *Erkenntnis* violett/goldgelb
Erzengel Jophiel und Erzengel Zadkiel
Wenn du erkannt hast was dich bremst, bist du in der Lage zu verändern. Bitte Erzengel Jophiel um Erkenntnis und Erzengel Zadkiel um Transformation.

7/3 *Barmherzigkeit* violett/rosa
Erzengel Chamuel und Erzengel Zadkiel
Erkenne, dass es Menschen gibt, die ihren Weg zu Gott noch nicht gefunden haben. Deswegen sind sie nicht schlecht oder böse, sondern arm an Liebe. Bitte Erzengel Zadkiel um Transformation deiner Wut. Verbinde dich mit Erzengel Chamuel und bitte ihn um Begleitung.

7/4 Aufstieg violett/weiß
Erzengel Gabriel und Erzengel Zadkiel
Verlasse dich auf deine innere Stimme und lasse das los, was dir nicht mehr dient. Erzengel Gabriel und Erzengel Zadkiel helfen dir, bitte sie darum.

7/5 *Weihung* violett/grün
Erzengel Raphael und Erzengel Zadkiel
Erzengel Raphael und Erzengel Zadkiel bereiten dich auf die nächste Stufe vor. Lasse Heilung und Loslassen zu. Verbinde dich mit diesen beiden mächtigen Engelwesen und bedanke dich für ihre Hilfe. Arbeite mit der violetten Flamme.

7/6 *Gnade* violett/rubinrot
Erzengel Uriel und Erzengel Zadkiel
Verbinde dich mit diesen beiden Engelwesen und du wirst Gnade erfahren. Mit Erzengel Uriels Hilfe, kannst du deine Selbstvorwürfe erkennen, übergib sie Erzengel Zadkiel zur Transformation.

7/7 violett *Transformation*
Erzengel Zadkiel
Du stehst vor einer Veränderung. Bitte Erzengel Zadkiel um Hilfe und arbeite daran. Arbeite auch mit dem violetten Feuer.

2 x violett *Einsicht*
Erzengel Zadkiel
Erkenne, dass es richtig und falsch nicht gibt, sondern dass es immer nur geprägt ist von dem Denken der Menschen. Alles geschieht im Willen Gottes und ist für uns als Lernprogramm geschenkt worden. Es ist wie es ist und es ist gut. Bitte Erzengel Zadkiel um Hilfe, mache das Ritual und arbeite täglich mit dem violetten Feuer.

3 x violett *annehmen*
Erzengel Zadkiel
Jeder Mensch ist einzigartig. So unendlich wie das Universum ist, so unendlich vielfältig sind auch wir Menschen. Erkenne deine Einzigartigkeit an. Liebe dich so wie du bist. Bitte Erzengel Zadkiel um Hilfe, mache das Ritual.

4 x violett *loslassen*
Erzengel Zadkiel
Du hältst immer noch an alten Begebenheiten fest und hinderst dich so selbst an deinem Vorwärtskommen. Bitte Erzengel Zadkiel um Hilfe, arbeite täglich mit dem violetten Feuer.

5 x violett *die nächste Ebene*
Erzengel Zadkiel
Du stehst vor der nächsten Tür, sie ist schon geöffnet. Es ist nur noch ein kleines Angstgefühl zu transformieren. Bitte Erzengel Zadkiel um Hilfe, mache das Ritual und arbeite mit dem violetten Feuer.

6 x violett *Vergeben sich und anderen*
Erzengel Zadkiel
Arbeite mit dem Text „vergeben". Vertraue dich Erzengel Zadkiel an und arbeite mit dem violetten Feuer.

7 x violett *Reinigung*
Erzengel Zadkiel

Es ist dringend Notwendig, deine Chakren zu reinigen und in Einklang zu bringen. Reinige dich, in dem du dich mit Meersalz abreibst, mache danach das Ritual und arbeite täglich mit dem violetten Feuer. Gegebenenfalls hole dir Hilfe bei einem spirituellen Berater.

Erzengel Metatron
„Gottes Schreiber"
Magenta

Erzengel Metatrons erscheinen hat immer etwas Bedeutendes, er offenbart dem Menschen Göttliche Wahrheiten und auch Wahrheiten über uns selbst. Er ist der Hüter der Akasha, in der all unsere Leben verzeichnet sind. Manchmal zieht Erzengel Metatron den Schleier etwas zur Seite, und offenbart uns die Wahrheit über uns selbst. Wenn wir ihm begegnen, haben wir uns spirituell schon weit entwickelt. Erzengel Metatron hilft uns unsere verborgenen Wünsche und Gefühle zu entdecken. Er fördert die Entwicklung unseres Christusbewusstseins.

Mutter Maria
„Senderin der Göttlichen Herrlichkeit"
Das gesamte Farbspektrum

Mutter Maria, die Göttin des Mitgefühls und des Trostes, ihr unterstehen die Engelscharen. Sie schenkt uns Zuflucht, Schutz, Hoffnung, Trost und Heilung. Mutter Maria sendet uns Kraft und Liebe, wenn wir durch dunkle Täler wandern, sie lässt uns das Licht am Ende des Tunnels erblicken. Besondere Aufmerksamkeit schenkt sie Frauen und Kindern, dem Thema Mütterlichkeit annehmen und geben. Sie öffnet unsere Herzen für Barmherzigkeit und Liebe.

Das violette Feuer

Das violette Feuer ist für uns alle ein Gottesgeschenk. Wir können, sollen und dürfen mit dem violetten Feuer arbeiten. Es transformiert, reinigt und hilft uns ein sauberes Seelenkleid zu tragen. Das erste was ich morgens nach dem Aufstehen mache ist, das violette Feuer durch mein Bett zu jagen, meist mit den Worten:
„ Violettes Feuer lodere, lodere, lodere in und durch mein Bett und verwandle alles in Licht was nicht im Göttlichen ist."
Damit entferne ich alles was in der Nacht an Träumen, Gedanken und Begegnungen passiert ist und kann so abends völlig frei von der vorherigen Nacht die neue Nacht begrüßen.
So verfahre ich den ganzen Tag, beim Duschen schicke ich das violette Feuer durch meine Körper, durch meine Chakren und bitte um Reinigung. Ich schicke es durch meine Wohnung, mit der Bitte, alles was nicht im Göttlichen ist in Licht zu verwandeln. Das Gleiche passiert mit meiner Nahrung, mit meinen Getränken und allem anderen was ich meinem Körper zu Führe. Wir können es aber genauso gut in Situationen, schlechte Gedanken, Gegenstände (wie z.B. auch Schmuck) oder Plätze schicken.

Aber wie mache ich das genau?
Wenn wir es ein paar Mal gemacht haben, funktioniert es fast von selbst, in dem wir nur noch die Absicht losschicken. Doch zu Anfang, begib dich in Ruhe und rufe das violette Feuer.
Ich mache das, in dem ich sage:
Violettes Feuer lodere, lodere, lodere in oder durch…..(das was ich transformieren, verändern, reinigen möchte).
Jeder wird für sich seinen eigenen Weg finden, es gibt nichts was hier festgelegt ist. Also, das violette Feuer rufen, stelle dir bildlich vor wie es durch die Situation oder den Gegenstand oder was auch immer, lodert und flackert. Schau genau hin, denn es wird sich alles in helles weißes Licht verwandeln. Wenn du es nicht siehst, gib nicht nach, denn es ist da. Je öfter du es machst umso einfacher wird es, sich das Feuer vorzustellen, es zu sehen und zu fühlen.
Es steht uns allen zur Verfügung und es nimmt kein Ende, also nicht das Gefühl aufkommen lassen, man könnte jemandem etwas nehmen der es nötiger braucht. Die Engel und die aufgestiegen Meister fordern uns immer wieder auf, dieses Göttliche Geschenk auch anzunehmen und zu nutzen.

Anrufung

Vergebung

*Hiermit vergebe ich mir
und allen Personen, Situationen und Begebenheiten,
die in irgendeiner Form Missklang in mein Leben,
in das Leben anderer Personen, oder Situationen,
gebracht haben sollte.*

*Ich bin mir im Klaren darüber,
das alles was passiert,
in der Gegenwart, der Zukunft oder der Vergangenheit
nur meinem Wachstum dient.*

Ich vergebe, ich vergebe, ich vergebe.

*Ich bedanke mich, bei mir, bei allen Personen und Begebenheiten,
die dazu bereit waren als Lernprogramm zur Verfügung zu stehen.*

Erzengel-Anrufung

*Erzengel Michael bitte leg den Mantel
der blauen Strahlung um mich,
ich stelle mich unter deinen Schutz.*

*Erzengel Jophiel bitte schicke mir
die gelbe Strahlung
der Erkenntnis und des Verstehens.*

*Erzengel Chamuel bitte umhülle mich mit
dem rosa Strahl
der allumfassenden Liebe.*

*Erzengel Gabriel bitte hilf mir
meiner Intuition zu folgen,
und auf meine innere Stimme zu hören.*

*Erzengel Raphael bitte schenke mir
die grüne Strahlung
der Heilung und Ganzwerdung.*

*Erzengel Uriel bitte sende mir
den rubinroten Strahl der Barmherzigkeit
und hilf mir meinen Glauben zu stärken.*

*Erzengel Zadkiel hülle mich ein
in den violetten Strahl
der Transformation und Reinigung.*

*Ich danke Euch und euren Helfershelfern
von ganzem Herzen.*

So sei es.

Natürlich kannst du auch nur den Engel rufen, oder ansprechen, der dich zurzeit begleitet oder begleiten soll.

Engelsteine ziehen

Suche dir einen ruhigen Platz, zünde eine Kerze an, verbrenne etwas Weihrauch oder entzünde eine Duftöllampe. Spreche eine Anrufung, lasse leise ruhige Musik laufen. Dies sind alles nur Hinweise, wie man sich der Engelwelt öffnen kann, jeder wird für sich seinen eigenen Weg finden.
Öffne dich der Engelwelt und bitte um Hilfe, ziehe sieben Steinchen aus dem Beutelchen, den du natürlich vorher gut geschüttelt hast.
Lege die Steinchen nach unten aufgeführtem Schema aus.

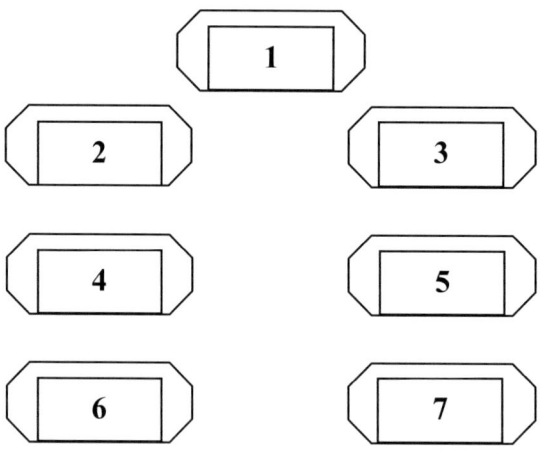

Ebene 1   Stein   ①
Dies ist der Engel der dich bei diesem Thema begleitet.

Ebene 2   Stein   ② + ③
Das ist das Thema, darum geht es.

Ebene 3   Stein   ④ + ⑤
Das solltest du tun. Hier liegt der Weg, die Lösung.

Ebene 4   Stein   ⑥ + ⑦
Da führt es dich hin, das ist das Ziel.

Lese erst den Text des Engels, der Dich beim befragten Thema begleitet. Dann die gezogenen Engel der Ebene 2 und die Kombination der beiden Engel. So gehe von Ebene 2 zu Ebene3 und Ebene 4.

Nachdem du die einzelnen Ebenen interpretiert hast, schaue dir das gesamte Bild an. Wie viele blaue, gelbe, rosa, weiße, grüne, rote oder violette Steine hast du gelegt? Hier erfährst du, was dir weiter hilft.

Lasse dir Zeit und lasse die Antworten auf dich wirken. Vielleicht schläfst du eine Nacht darüber. Je öfter du die Steinchen ziehst und dich mit den Engeln verbindest, umso leichter wird es die Botschaften zu verstehen. Bedenke, die Engelwelt gibt keine Auskunft über die Zukunft, denn die machst du selbst und sie steht nicht fest. Die Engel werden dir aber immer Hinweise geben, die dir helfen dein Leben zu meistern.

Versuche die Fragen so Präzise wie möglich zu stellen. Auf die Frage was soll ich jetzt tun? Wirst du wahrscheinlich eine Antwort bekommen, die du nicht einordnen oder verstehen kannst. Denke an den freien Willen. Also Frage besser: Was kann ich in Situation XY tun? Oder was hilft mir in Situation XY weiter? Wie kann ich die Situation XY verbessern?

Ziehe täglich morgens ein Steinchen, es zeigt dir den Engel der dich begleitet. Es kann über längere Zeit immer wieder der gleiche Engel sein. Dann weißt du welches Thema dich zurzeit begleitet und es ist dann ratsam ein Engel-Ritual mit diesem Engel zu praktizieren.

Die 7 Strahlen

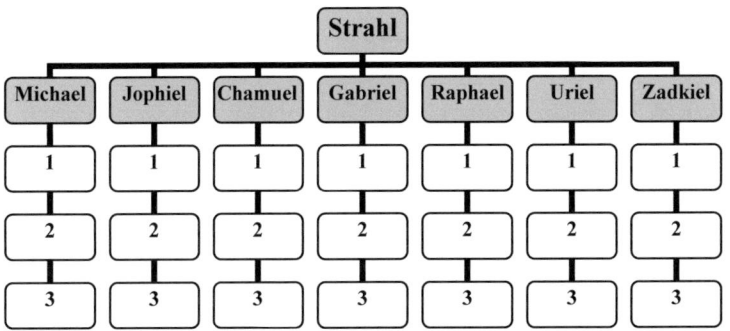

Ziehen sie 3 Steine pro Strahl.
 1.Reihe: Darum geht es
 2. Reihe: Das ist zu tun.
 3. Reihe: Da führt es dich hin.

Michael und die drei Steinchen darunter zeigen dir das Thema des 1. Strahls: *Macht.*
Je Reihe: Blau + gezogene Farbe ist die Antwort

Jophiel und die drei Steinchen darunter, 2. Strahl: *Erleuchtung.* Je Reihe: Gelb + gezogene Farbe)

Chamuel und die drei Steinchen darunter, 3. Strahl: *Liebe.* Je Reihe: Rosa + gezogene Farbe)
usw.

So kannst du jeden einzelnen Strahl abfragen und Antworten bekommen, stelle deine Frage allgemein, wenn du zu einem bestimmten Strahl keine Frage hast, z.B. Wo ist die Blockade? Das Thema der Strahlen findest du unter den Erzengelbeschreibungen.

Spiele mit den Steinchen und du wirst nach einiger Zeit merken, wie der Kontakt in die Engelwelt stärker und spürbarer wird. Es wird leichter die Antworten zu verstehen und die verschiedenen Schwingungsebenen (Farben) zu deuten und die Eigenschaften mit ins Leben einzubeziehen. Irgendwann wirst du genau wissen hier ist jetzt Erzengel sowieso nötig oder hier wird jetzt die Schwingung von Erzengel sowieso gebraucht, dann kannst du die entsprechenden Farbschwingungen visualisieren oder violettes Feuer schicken.

	Michael	Jophiel	Chamuel	Gabriel	Raphael	Uriel	Zadkiel
Michael	Macht	Schutz	Geduld	Visionen	Stärke	Glaube	Befreiung
Jophiel	Schutz	Erleuchtung	Weisheit	Empfänglichkeit	Wahrnehmung	Frieden	Erkenntnis
Chamuel	Geduld	Weisheit	Liebe	Ur-Vertrauen	Mitgefühl	Hingabe	Barmherzigkeit
Gabriel	Visionen	Empfänglichkeit	Urvertrauen	Neubeginn	Harmonie	Hoffnung	Aufstieg
Raphael	Stärke	Wahrnehmung	Mitgefühl	Harmonie	Heilung	Wahrheit	Weihung
Uriel	Glaube	Frieden	Hingabe	Hoffnung	Wahrheit	Freude	Gnade
Zadkiel	Befreiung	Erkenntnis	Barmherzigkeit	Aufstieg	Weihung	Gnade	Transformation
2 x	Bedrängnis	Klarheit	In sich Gehen	Hellsichtigkeit	Körperbewusstsein	Vertrauen	Einsicht
3 x	Abwarten	Durchblick	Selbstliebe	Altes Wissen	Achtung vorm Körper	Sich unterstellen	Annehmen
4 x	Um Klarheit bitten	Kontakte	Allumfassende Liebe	Lebensweg Finden	Konzentration	Aufrichtigkeit	loslassen
5 x	Neuanfang	Kreativität	Vergebung	Selbstvertrauen	Heilenergie empfangen	Tatkraft annehmen	Die Nächste Ebene
6 x	Gott vertrauen	Ausgeglichenheit	Sich für Liebe öffnen	Mit Engeln reden	Heilende Liebe	Dankbarkeit	Vergeben Sich und Anderen
7 x	Sich unter Gottes Schutz stellen	Erlösung	Liebe geben und nehmen	Himmel und Erde verbinden	Heilung geben	Geben und Nehmen in Einklang bringen	reinigen

Engel-Rituale

Mit dem Engel-Ritual können wir uns mit den Engeln verbinden, um Heilung, Erkenntnis und Hilfe bitten. Zu Zu jedem Ritual empfehle ich zuerst den Engel-Schutzkreis zu erstellen. Dazu gibt es zwei Möglichkeiten.

Der erste Engel-Schutzkreis

Vor mir Raphael

Hinter mir Gabriel

Rechts von mir Michael

Links von mir Uriel

Über mir Jophiel

Unter mir Zadkiel

In der Mitte Haniel und Chamuel

Strahlend weiße Kugel

Geborgen im sechszackigen Stern

Bitte gebt mir Schutz für dieses Ritual.(Situation etc.)

Wir können diesen Schutzkreis auch für andere Zwecke benutzen, beispielsweise können wir ihn vor dem Einschlafen erstellen und um Schutz in dieser Nacht bitten. Oder auch jede andere Situation, in der wir das Gefühl haben, das wir Schutz brauchen.

Der 2. Engel-Schutzkreis ist schon etwas aufwendiger aber sehr kraftvoll.

2. Engel-Schutzkreis

**Hier benötigst du vier Kerzen (ich nehme Teelichter) grün, rot, gelb, weiß
du kannst natürlich auch nur weiße nehmen.**

Stelle fest, wo Norden ist.

Fange mit der grünen Kerze im Osten an, Gesicht Richtung Osten, zünde die Kerze an und stelle sie dort vor dir ab.
 Sage laut:
*Erzengel Raphael ich rufe Dich (3-mal)
Ich grüße Dich und bitte Dich, mich während des Rituals unter Deinen Schutz zu stellen.
Ich danke Dir.*

Dann gehe nach Süden, Gesicht Richtung Süden, entzünde die blaue Kerze, stelle sie dort vor dir ab.
Sage laut:
Erzengel Michael ich rufe Dich 3-mal)

Ich grüße Dich und bitte Dich, mich während des Rituals unter Deinen Schutz zu stellen.
Ich danke Dir.

Dann gehe in den Westen, Gesicht nach Westen, entzünde die weiße Kerze, stelle sie dort vor dir ab.
Sage laut:
Erzengel Gabriel ich rufe Dich 3-mal)
Ich grüße Dich und bitte Dich, mich während des Rituals unter Deinen Schutz zu stellen.
Ich danke Dir.

Dann gehe in den Norden, Gesicht nach Norden, entzünde die rote Kerze, stelle sie vor dir ab.
Sage laut:
Erzengel Uriel ich rufe Dich (3 mal)
Ich grüße Dich und bitte Dich, mich während des Rituals Unter Deinen Schutz zu stellen.
Ich danke Dir.

Denke daran, das du diesen Schutzkreis nicht verlassen darfst, also bereite gut vor und mache diesen Kreis groß genug.

Engel-Ritual

Bereite das Ritual gut vor, sorge dafür das du nicht gestört wirst (Telefon und Klingel abstellen), das du alles bereit liegen hast was du für das Ritual brauchst, außerdem lege dir Papier und Stift bereit, vielleicht möchtest du ja etwas notieren.
Besorge dir eine Kerze* in der Farbe die dem Engel entspricht dem du dieses Ritual weihst. Außerdem eine Räucherung oder ein Duftöl entsprechend des Strahls auf dem der Engel arbeitet. Wenn du den Duft nicht bekommst, oder vielleicht nicht magst, kannst du auch immer Weihrauch oder Dammer verwenden.
Lege dir eine Meditationsmusik bereit, richte deinen Ritualplatz so ein, dass du ohne Schwierigkeiten den Schutzkreis darum erstellen kannst und genügend Platz hast, dich während des Rituals, zu bewegen. Schmücke deinen Ritualplatz mit Blumen, Engelfiguren oder was dir sonst gefällt. Lass dir Zeit dabei und genieße schon die Vorbereitung auf das Ritual.
Bevor ich ein Ritual mache räuchere ich meine Wohnung mit Weihrauch, Salbei oder Sandelholz aus und jage das violette Feuer durch meine Wohnräume. *(oder bestelle eine Engelsymbolkerze, siehe Anhang)

Nimm ein Bad, ziehe frisch gewaschene bequeme Kleidung an (möglichst nicht in schwarz). Begib dich zu deinem Ritual Platz und notiere deine Bitten, oder Ängste auf einem Blatt Papier. Beginne mit der Räucherung oder dem Öl, stelle die von dir gewählte Musik an und sorge dafür, dass sie nicht zu laut ist und dich stören könnte, dann erstelle den von dir gewählten Schutzkreis. Nun begib dich an deinen Ritualplatz, wo du alles für dich bereit gestellt hast und gehe einen Moment in die Ruhe. Spüre wie sich die Schwingung im Raum langsam erhöht. Entzünde deine Ritualkerze (Tipp: Kerze durchschneiden, da Ritualkerzen nicht gelöscht werden sollten) und rufe den entsprechenden Engel z. B. Erzengel Michael ich rufe dich und lade dich hier zu mir ein (3 x). Warte einen Moment und spüre in den Raum, du wirst genau wissen wann der Engel da ist. Erkläre ihm dein Anliegen. Bitte begleite mich... Bitte hilf mir in dieser Situation, Bitte schenke mir Erkenntnis, Klarheit und Kraft. Dies sind nur Beispiele, wähle deine eigenen Worte und deine ganz spezielle Bitte an die Engel, du kannst ihnen alles sagen was dir auf dem Herzen liegt und um Hilfe bitten. (Denke daran sie dürfen immer erst helfen wenn sie von uns gebeten werden). Habe keine Angst, es passiert

nichts, was nicht in deinem freien Willen ist.
Wichtig! Bedanke dich bei Ihnen. Lasse die Schwingung auf dich wirken, genieße sie. Bleibe so lange im Kreis wie du dich wohlfühlst. Wenn du das Ritual beenden möchtest, bedanke dich bei ihnen und verabschiede dich.
Nun schließe den Schutzkreis, in dem du wieder im Osten anfängst mit den Worten: Erzengel Raphael ich danke dir, für Deine Begleitung und deinen Schutz. Auf wiedersehen. **Kerze nicht löschen!!** Dann weiter in den Süden, Westen und Norden. Verabschiede einen nach dem anderen und bedanke dich bei Ihnen, nun ist dein Ritual beendet.
Beobachte die nächsten 14 Tage genau was passiert, führe Tagebuch. Erfahrungsgemäß passiert innerhalb der nächsten 21 Tage, nach dem Ritual, immer etwas.
Ritualkerzen ausbrennen lassen, nicht löschen.

Zu guter Letzt!

Ich wünsche allen von ganzem Herzen Engelerfahrungen!
In dem Moment wo wir an sie denken, stehen sie schon neben uns.
Was uns fehlt ist das Vertrauen in unsere eigenen Gefühle.
Engel können wir nur über die Gefühlsebene wahrnehmen.

Ich wünsche mir, dass diese Engelsteinchen dazu beitragen, dass dein Leben lichter und leichter wird. Ich weiß, dass das Arbeiten mit der violetten Flamme und den Ritualen schon ganz viel verändert und öffnet. Also nur Mut ! Spreche mit der Engelwelt wie mit deiner besten Freundin oder deinem besten Freund, denn sie sind deine besten Freunde. Sie sind ständig an deiner Seite und freuen sich über jede Bitte die du an sie richtest. Sie werden unermüdlich dafür sorgen, dass sich deine Wünsche erfüllen. Doch bedenke sie dürfen nur das tun was im göttlichen Plan enthalten ist. Also sollte dir ein Wunsch, deiner Meinung nach, nicht erfüllt werden, so kann es daran liegen, dass es nicht zu deinem Lebensprogramm gehört, oder dass du den

Wunsch durch deine Gedankenkraft widerrufst.
Doch selbst wenn dir die Engel bei einer
Wunscherfüllung keine Hilfestellung geben dürfen,
werden sie dir mit Liebe, Kraft und Fürsorge
beistehen. So hast du die Möglichkeit für dich deine
Lebensaufgabe zu erkennen.
Der Weg ist das Ziel!
Unvorstellbar viele Engel stehen bereit und warten
auf unser Rufen!!

Ich möchte hier noch meinen Dank loswerden und
zwar an meine Freundin Herta, die mir mit Ihrer
Astrologie immer wieder die Leviten gelesen hat
und natürlich an meine ständigen Begleiter
Erzengel Raphael und Meister El Morya und alle
anderen Wesenheiten die daran beteiligt waren, das
dieses Engel-Orakel veröffentlicht werden konnte.
Ich danke und segne Euch.

Licht und Liebe
Ramaela Maria Seeliger

Engel des Lichts Pastellkreide 50 x 70 cm

Die Erzengelsteinchen, können unter

www.kunstundspirit.de
info@kunstundspirit.de

oder bei:　　*Ramaela* Kunst und Spirit
　　　　　　Maria Seeliger
　　　　　　53809 Ruppichteroth
　　　　　　　　Jünkersfeld

　　　　　　Bestell-Tel.01805 / 88 20 55 76 *
　　　　　　　　*14 ct pro Minute

bestellt werden.

Die 49 Engelsteinchen

Alle Steinchen sind Edelsteine, die handbemalt wurden. Gereinigt, gesegnet und dem jeweiligen Strahl geweiht. Sie sind farblich für dieses Engel-Orakel ausgewählt, um sie beim Steinchen ziehen gut unterscheiden zu können. Sie können als Schutz- oder Heilsteine eingesetzt werden.

Erzengel Michael: 7 x blauer Achat

Erzengel Jophiel: 7 x gelber Calcit

Erzengel Chamuel: 7 x Rosenquarz

Erzengel Gabriel: 7 x Milchquarz

Erzengel Raphael: 7 x Aventurin

Erzengel Uriel: 7 x roter Jaspis

Erzengel Zadkiel: 7 x Amethyst

Alle Steinchen befinden sich in hochwertigen Samtbeutelchen.

49-Engelsteinchen im Samtbeutelchen 24,50 €
Buch Engel-Orakel   9,90 €
Set 49-Engelsteinchen mit Buch 29,90 €

zzgl. 4,95 € Verpackung und Versand